AF357260

RAPPORT

Fait par le général **Massena**, commandant en chef l'armée du Danube, au Directoire exécutif de la République française, sur les opérations de cette armée, du 3 au 18 vendémiaire an 8.

RAPPORT

Fait par le général MASSENA, Commandant en chef l'armée du Danube, au Directoire exécutif de la République française, sur les opérations de cette armée, du 3 au 18 vendémiaire an 8.

CITOYENS DIRECTEURS,

L'armée du Danube avait terminé par une victoire signalée la campagne de l'an 7 : elle avait repris le Gothard et tous les petits cantons helvétiques. Il lui était réservé d'ouvrir par des victoires, plus brillantes encore, la campagne de l'an 8.

Une bataille de 15 jours, sur une ligne de plus de soixante lieues de développement, contre trois armées combinées, conduites par des généraux expérimentés, la plupart environnés de grandes réputations, occupant des positions réputées inexpugnables, telles ont été ses opérations.

Trois armées battues et dispersées, vingt mille prisonniers, plus de dix mille morts ou blessés, cent pièces de canon, quinze drapeaux, tous les bagages des ennemis, neuf de leurs généraux tués ou pris, l'Italie et le Bas-Rhin dégagés, l'Helvétie libre, le prestige de l'invincibilité des Russes dissipé ; tel a été le résultat de ces combats.

Quelque détaillé que puisse être ce rapport, je n'y rendrai jamais tous les traits de bravoure et

A.

d'héroïsme qui ont signalé cette bataille mémorable. Chacun s'est multiplié, chacun s'est surpassé ; et quand , en donnant des éloges à quelques uns , et citant les belles actions de quelques autres , je garderai le silence sur une quantité d'autres encore plus considérable , la faute en est à leur trop grand nombre , et au besoin de resserrer enfin dans des bornes quelconques , le récit d'une suite d'actes de dévouement qui n'en avait aucunes.

La ligne de la Linth , de la Limath et de l'Aar était , sous le double rapport de la défensive et de l'offensive , la position la plus forte que l'armée austro-russe pût occuper en Helvétie. Ces rivières, plus ou moins larges , mais toujours profondes et torrentueuses , étaient bordées , sur la rive droite , de montagnes hautes et du plus difficile accès. La place de Zurich sur la Limath fournissait à l'ennemi , sur la rive gauche de cette rivière, une tête de pont , dont la propriété offensive portait au dernier degré de perfection le système d'action et de répulsion de cette ligne. Soixante mille Austro-Russes la défendaient , et je devais les en chasser avec un corps de troupes bien inférieur en nombre.

Une entreprise formidable menaçait la France. La Suisse , le boulevard de tout notre système militaire , si souvent attaqué , et toujours si opiniâtrement défendu , devait , sous peu de jours , être écrasée par les efforts de trois armées combinées ; mais je connaissais leurs projets , et fort de la bouillante ardeur , de la bravoure et de la constance des soldats républicains , de la bonne harmonie qui existait entre tous les corps et les officiers-généraux et particuliers , fort du zèle et de l'émulation qu'il montraient tous pour la gloire et le triomphe de la République, j'étais sûr de vaincre.

Les deux seuls points de passage que présentât le développement de la ligne ennemie depuis Zurich jusqu'au Rhin, étaient le confluent de la Limath, de la Reuss et de l'Aar, et l'anse de Diettikon sur la Limath.

Chacun de ces deux points avait peu d'avantages et beaucoup d'inconvéniens majeurs. Le premier avait la faculté des transports, par la Reuss et l'Aar, des bateaux nécessaires au passage, mais il n'y avait, sur la rive opposée, que deux points uniques et très-étroits de débarquement; ces points étaient tellement marqués, la ligne de passage que les bateaux avaient à parcourir était si bien désignée, que l'ennemi les avait rendus inabordables par plusieurs batteries tellement disposées, que de la rive gauche il était à-peu-près impossible d'en éteindre le feu. Qu'on ajoute à tout cela une position formidable et presque inaccessible qu'il fallait enlever, même en se formant sur la rive opposée, et on aura la mesure des difficultés que présentait ce point de passage.

L'anse de Diettikon offrait de grands obstacles pour le transport des bateaux, pour leur mise à flot; aucun ruisseau navigable n'y aboutissait, aucune île ne permettait de ramasser, à l'insu de l'ennemi, les bateaux nécessaires au passage et à la construction du pont. Une plaine découverte bordait la rive gauche, et sur tout son développement; on y voyait, de la rive droite, un homme depuis les pieds jusqu'à la tête. Il fallait porter sur des voitures ou à bras, jusques dans l'eau, tous les bateaux et les matériaux nécessaires; mais aussi la forme demi circulaire de cette anse donnait les moyens de l'envelopper et de la croiser en tous les sens par le feu d'une artillerie formidable, pour protéger les travaux du passage, et cela me détermina à l'adopter.

Je fis faire à Brugg tous les préparatifs nécessaires pour donner à croire à l'ennemi que mon point de passage était le confluent des trois rivières ; mais ce fut pour le point de Diettiken que j'ordonnai les préparatifs les plus réels, et que je réunis les moyens les plus propres à assurer le succès de mon entreprise.

J'ordonnai également les préparatifs nécessaires au passage de la Linth, et à l'attaque des positions occupées par l'ennemi dans cette partie.

L'ennemi a si bien pris le change sur toutes ces dispositions, qu'il a cru que le vrai point de passage était à Brugg, et qu'il y avait réuni la majeure partie de ses forces.

C'est à la suite de ces dispositions que, dans la nuit du 2 au 3 vendémiaire, je réunis autour de Diettiken un corps de quatorze mille hommes ; c'était la division Lorge, partie de la division Mesnard, et la réserve commandée par le général Klein ; les trois brigades de Lorge et Mesnard étaient destinées à exécuter le passage de vive force, tandis que la réserve composée de grenadiers et d'un gros corps de cavalerie, devait couvrir cette opération contre les sorties qui pourraient être faites par la garnison de Zurich sur la rive gauche de la Limath, et que la division Mortier devait faire l'attaque du village de Vollishoffen.

Le général Mesnard, avec le reste de sa division, devait faire sur Brugg, au confluent de la

Reuss et de la Limath, toutes les démonstrations d'un prochain passage.

Le général Soult devait, de son côté, exécuter le passage de la Linth entre les lacs de Zurich et de Walenstadt.

Le 3, à 5 heures du matin, une attaque d'artillerie, destinée, en apparence, à éteindre le feu des batteries de l'ennemi, fut engagée par le général Mesnard; tous les bateaux de la Reuss et de l'Aar mis en mouvement comme pour tenter le passage, et des têtes de colonnes se présentant sur plusieurs points, comme pour attendre l'instant favorable. Tels furent les mouvemens qui confirmèrent l'ennemi dans l'opinion que Brugg était le vrai point de passage, et qui tinrent sur ce point, pendant presque toute la journée du 3, une partie de l'armée russe.

A Dietlikon, vingt pièces d'artillerie, commandées par le chef d'escadron Foix, cernaient et étaient prêtes à croiser de leur feu dans tous les sens, l'anse du passage. Les pontonniers, aidés par trois mille soldats, et dirigés par le chef de brigade d'artillerie Dedon, portaient à bras et sur leurs épaules les plus gros bateaux. Le jour était prêt à paraître; le signal est donné, et en un instant, les bords de la rivière sont couverts de bateaux et de troupes; les premiers entraient à peine dans l'eau, que les nombreux postes russes qui enveloppaient l'anse sur la rive droite, firent une décharge générale et un feu nourri de mousqueterie, qui, loin de refroidir l'ardeur des pontonniers et des travailleurs, ne fit que la centupler; mais les premiers coups de fusil étaient à peine tirés de la part de l'ennemi, que notre artillerie eut bientôt écrasé tout ce qui s'opposait à l'abordage de la rive opposée.

Le général Gazan commandait l'avant-garde, et sous lui le brave chef de bataillon Graindorge tenait, avec les carabiniers et un bataillon de la 10e. légère, et 4 compagnies de la 37e, la tête de la colonne.

Les postes russes, chassés des bords de la rivière, se réunirent au goulot de l'anse, dans un bois épais, où soutenus par les troupes qui occupaient le camp et le plateau de Fahr, et par sept pièces d'artillerie, ils se disposèrent à se défendre. La tête de notre avant-garde y arrivait à peine, que, quoique sans canons et sans cavalerie, elle commença l'attaque, et que successivement soutenue par les troupes que l'activité des pontonniers passa en moins de deux heures d'une rive à l'autre, au nombre de huit mille hommes, elle les en chassa, après en avoir fait un carnage effroyable, et se trouva maîtresse du bois, du plateau de Fahr et du camp tendu de l'ennemi. Sur deux bataillons de grenadiers russes qui l'occupaient, quelques hommes à peine se sont échappés ; tout le reste a été tué, blessé ou pris.

C'est alors que le pont de bateaux se trouvant construit, et une communication ouverte à travers le bois épais qui bordait la rivière, le reste des deux brigades Gazan et Bontems, sous les ordres du général Lorge, et la brigade Quetard, détachée de la division Mesnard, terminèrent leur passage.

L'armée de Korsakof était alors répartie sur deux points, celui de Zurich et celui de Frendnau, au-dessous des confluens : pour la battre, malgré sa supériorité en nombre, il fallait l'empêcher de réunir ces deux corps, et les combattre séparément : pour cela, je portai sur Delliken et Degentorf, la brigade Bontems ; j'occupai ainsi les revers principaux de la Glatt et les communications de Regensberg à Zurich. Je portai partie de la brigade Quetard sur Vurenloos, pour couvrir la gauche du général Bontems contre le corps ennemi de Vettingen et Frendnau ; le reste était partie en réserve au pont de Diettikon, et l'autre partie sous les ordres du général Oudinot, mon chef d'état-major, devait soutenir la brigade Gazan, que je chargeai de l'attaque de Hoüg et de la partie occidentale de Zurich-Berg.

C'est entre ces deux points de Regensberg et Zurich, que l'ennemi avait réuni la presque totalité des forces qu'il avait dans cette partie. Le général Gazan l'attaqua avec impétuosité, et tourna, par une manœuvre habile, le village de *Hoüg*, dont il s'empara. C'est alors que s'est engagée, depuis Vurenloos jusqu'au Zurich-Berg, la bataille du 3.

Dans le tems que les généraux Quetard et Bontems, par les efforts les plus vigoureux, rejetaient la droite de l'ennemi au-delà de la Glatt, le général Gazan, avec une partie de sa brigade, attaquait et enlevait à la baïonnette les hauteurs d'entre Hoüg et Assholteren, et attaquait ensuite, conjointement avec le général Oudinot, les faubourgs de Zurich, et la partie occidentale de Zurich Berg, par laquelle passe la communication de cette place avec Vintherthur. Rien n'égale l'acharnement qu'on a mis de part d'autre dans ce combat, qui a duré depuis dix heures du matin jusqu'à la

nuit close. Nous sommes restés maîtres et des faubourgs, et de la position. Toutes les troupes y ont
fait des prodiges de valeur. On y a vu la légion
helvétique rivaliser de bravoure avec la 10e. légère;
la 37e, la 57e, la 2e et la 102e de bataille, le 9e. de
hussards, l'artillerie légère, s'y sont particulié-
rement distingués. Le général Lorge se loue infiniment du chef de bataillon Marousin, des capitaines Mellin de la 37e, Cabos et Simomien de la
10e légère, des lieutenans Minaud et Maingonaud
qui s'y sont distingués, ainsi que du brave Du-
bain de la 10e légère, qui a été blessé en char-
geant à la baïonnette. Le terrain était couvert de
morts et de blessés, et sur trente, on comptait à
peine un Français.

Devant Zurich, sur la rive gauche, le général
Mortier attaquait avec son impétuosité ordinaire
le village de Vollishoffen, et faisait payer chère-
ment aux six bataillons russes qui le défendaient,
leurs efforts pour s'y maintenir et favoriser par-là
plusieurs charges mêlées d'infanterie et de cavalerie, dirigées contre la réserve aux ordres du général Klein. Je me trouvais alors sur ce point;
j'ordonnai à ce général de faire soutenir le général Mortier par un bataillon de grenadiers de
la réserve, aux ordres du général Humbert, et bientôt, aidé par ce renfort, il mit les ennemis en déroute, et les força à rentrer dans la place, après
une perte considérable et avoir eu deux généraux
blessés.

Entre les lacs de Zurich et de Vallenstadt, nos
succès n'étaient ni plus faciles ni moins brillans:
le général Soult avait franchi la Linth, défen-
due par plus de quarante redoutes et par des en-

nemis nombreux, à qui il avait été impossible de dérober nos préparatifs, et qui nous attendaient de pied ferme.

A trois heures du matin, pendant que le citoyen Lochet, chef de brigade de la 94ᵉ de ligne, à la tête de huit cents hommes partis de Lachen, opérait un débarquement à Schœnrikon, sous la protection de trois chaloupes canonnières, commandées par le lieutenant des pontonniers Gauthier, suivait le chemin de ce village au bourg d'Utznach, s'emparait des redoutes de l'ennemi, attaquait son camp et faisait rétablir le pont de Gzynau, pour faciliter le passage des troupes du général Laval, deux cents nageurs armés de lances, pistolets et sabres, réunis vis-à-vis Schœnis, sous la conduite de l'adjudant-major Delaar, traversaient la rivière, battaient la charge, portaient la terreur dans le camp autrichien, enlevaient les postes ennemis, qui défendaient le point projeté pour le passage, et facilitaient, par ce mouvement aussi hardi qu'extraordinaire, le moyen de lancer à l'eau les barques, et de jetter sur la rive droite le bataillon des grenadiers. Cela s'exécutait tandis que le commandant Lapisse, chargé de l'attaque du centre, contenait, d'une rive à l'autre, les troupes de renfort qui arrivaient à l'ennemi.

Il était cinq heures, le jour commençait à paraître, et l'ennemi, revenant de sa surprise, formait des colonnes d'attaque et nous menaçait ; six compagnies étaient passées, trois fois elles s'emparèrent du village de Schœnis, et trois fois elles furent repoussées : le passage se continuait ; nous nous maintînmes : la résistance fut extrême, l'acharnement fut si grand, et chacun y prit tellement part, que le feld-maréchal Hotze, commandant en chef les troupes autrichiennes, y perdit la vie : son corps fut trouvé, quelques heures après, sur le champ de bataille, ainsi que ceux de plusieurs officiers supérieurs.

Déjà le 2°. bataillon de la 25°. demi-brigade avait suivi les grenadiers. On s'en servit pour attaquer de nouveau Schœnis. L'ennemi y fut forcé et se retira en désordre sur Kanttenbrun.

Le passage étant effectué et les troupes de l'attaque du centre devenant inutiles dans leur première position, le général Soult fit porter vers Utznach le chef de brigade Lapisse, à la tête de deux bataillons de la 36°. : pour s'y rendre, ils devaient passer le pont de Gzynau ; mais à peine quelques soldats y furent que le pont se rompit ; une réserve des Russes venant de Rapperschwill au secours des Autrichiens, voulant profiter de cet accident, forma une colonne d'attaque, et vint avec une audace rare, charger tout ce qui se trouvait sur la rive droite ; il ne restait à cette troupe que la victoire ou la mort ; le chef de brigade Lochet le lui fit sentir. Elle reçut la charge des Russes avec sang-froid ; et après un feu terrible qui mit le désordre dans les rangs ennemis, elle en fit une tellement à-propos, que presque tout fut pris ou tué. Un drapeau resta à notre pouvoir, avec un colonel et trois cents hommes : la terre était couverte de morts.

A Kanttenbrun, l'ennemi tenait encore ; mais peu après, ce village fut emporté à la bayonnette ; nous fîmes quatre cents prisonniers, et la nuit mit fin au combat.

(11)

Le général Soult se loue beaucoup du citoyen
Lochet, chef de la 94°, de l'adjudant-général Sa-
ligny, du commandant Godinot, des citoyens
Francheski et Soult, aides-de-camp, des citoyens
Compère et Scherb, adjoints, de l'adjudant-major Vallot, de l'adjudant-major Delaar, commandant les nageurs, et du capitaine Muller, commandant le bataillon des grenadiers; cet officier
a été blessé à l'attaque de Schœnis.

Le chef d'escadron, Foix, commandant l'artillerie de la division Lorge, et Prost, commandant celle de la division Klein, se sont conduits
d'une manière digne des plus grands éloges.

Cette première journée du 3 s'était terminée
par la défense du corps russe réuni sous Zurich
et par celle du corps autrichien qui défendait la
Linth. Mais mes forces n'étaient pas encore réu-
nies sur la rive droite, et la place de Zurich m'en
empêchait; je résolus donc de m'en emparer. Mais
avant de prendre un parti violent contre cette
place que je voulais préserver encore une fois,
ou d'une ruine totale, ou des suites que pourrait
avoir pour elle une prise de vive force, j'avais,
dans la soirée du 3, fait sommer le général russe
qui y commandait, de m'en ouvrir les portes;
le chef de brigade Ducheiron, commandant le
9°. d'hussards, avait été chargé de cette mission
et avait, contre le droit des gens, été retenu
dans la place sous divers prétextes. Ce n'est que
le 4 à sept heures du matin, que je reçus, par
une lettre de cet officier, la réponse verbale du
général russe, qui offrait de rendre la place, à
condition qu'il aurait la faculté d'en évacuer tous
les bagages, ses blessés (il y en avait six mille),

son artillerie et tout ce qui pouvait lui appartenir.

Pendant la nuit du 3 au 4, l'ennemi avait évacué totalement les positions qu'il occupait aux confluens de l'Aar, de la Reuss et de la Limath; une petite partie de ses forces s'était portée sur Coblentz, où elle avait fait sa jonction avec un corps de trois mille hommes en position à Waldshut, et que de fortes reconnaissances poussées du camp de Bâle, sur la rive droite du Rhin, avaient aussi tenue en échec pendant toute la journée du 3. Le reste, formant la majeure partie, était venu, à la faveur de la nuit, en faisant un détour considérable, se réunir sur les hauteurs de Zurich, aux troupes qui couvraient et défendaient cette place, de manière qu'au point du jour elles nous attaquèrent, et nous forcèrent à replier sur les hauteurs d'entre Hoïig et Alshalteren, les postes avancés que nous avions sur le revers septentrional de Zurich-Berg. Je n'avais pas voulu compromettre, en le portant sur le revers, un trop gros corps de troupes, qui, par la disposition du terrain, eût pu, dans la nuit, être attaqué et battu avant de pouvoir être soutenu. Ce dernier mouvement de l'ennemi avait pour objet de dégager la route de Zurich à Vintherthur, pour y faire filer ses équipages, qui n'avaient plus d'autre issue que celle-là, le général Soult ayant, à la suite de son mouvement, et conformément à ses instructions, occupé la communication de Rapperschwili.

Le besoin d'occuper Zurich devenait toujours plus pressant; je devais, par la réunion de mes troupes, acquérir une supériorité telle que je pusse

exterminer les restes de l'armée austro-russe avant
leur jonction avec le corps de Condé et les troupes
bavaroises qui marchaient à leur secours.

Je fis donc mes dispositions pour l'attaque de
Zurich, et cependant, fidèle aux principes qui
m'avaient toujours guidé, je voulus auparavant
tenter la voie de la négociation ; mais les avant-
postes russes ayant tiré sur l'officier parlementaire,
et blessé le trompette qui l'accompagnait ; indigné
de ce procédé, et voyant bien que ces retards
étaient ménagés par l'ennemi pour gagner la journée du 4, j'ordonnai l'attaque et du corps russe
qui occupait les hauteurs, et des faubourgs de
Zurich, et celle du corps de la place. J'autorisai
seulement un officier que j'envoyai auprès du général Klein pour lui porter l'ordre de l'attaque,
de donner à l'ennemi un quart-d'heure pour l'évacuation de la place.

Les généraux Lorge, Gazan et Pontems étaient
à la gauche et au centre : le général Oudinot à la
droite, sous la mitraille du corps de la place. La
route de Vintherthur fut plusieurs fois prise et per-
due par nos troupes. Déjà, après un combat long
et opiniâtre, nous nous croyions maîtres de cette
position, lorsqu'une colonne ennemie ayant de la
cavalerie et de l'artillerie, débouchant par la crête
de Zurich-Berg fit plier notre gauche et notre
centre, et occupa un instant la route de Vintherthur ; elle cherchait même à déborder notre gauche pour nous prendre en flanc; mais, sans tenir
compte à l'ennemi de cette feinte, je fis marcher
sur son centre les carabiniers de la 10e. légère,
soutenus par deux bataillons de la 2e. demi-brigade de bataille, et deux escadrons du 23e. régi-

ment de chasseurs. Le général Gazan chargea à
la tête de l'infanterie ; le général Lorge à la tête
de mes guides et du 9e. de hussards : l'infanterie
ennemie fut bientôt culbutée, tous ses canons pris,
sa cavalerie en fuite, le revers septentrional de
Zurich-Berg occupé ; et enfin les débris de ce nouveau corps ennemi, totalement écrasé, se retirèrent
en désordre sur Vintherthur, n'emmenant avec
eux qu'une seule pièce de canon qu'ils avaient fait
filer à l'avance, et laissant, avec sa position, tous
ses bagages, ses munitions et une quantité considérable de prisonniers.

Je fis de suite resserrer la place de Zurich ; l'ennemi s'y défendait encore pour protéger sa sortie
par la porte de Rapperschwill qu'il tenait, et par
laquelle il espérait encore retirer ses troupes et ses
équipages ; mais le général Oudinot, qui déjà
s'était emparé du faubourg de Zurich, marchait
sur le corps de la place avec la 37e, un bataillon de
la 46e, la légion helvétique, un escadron du 9e.
de hussards, et une compagnie d'artillerie légère :
le chef de brigade Lacroix, à la tête de la colonne, enfonce à coups de canon la porte de Baden,
égorge tout le poste russe qui la défendait, et entre
dans la ville, faisant un carnage horrible de tout
ce qui entreprenait de se défendre. Le général
Klein entrait dans le même temps par une des portes
de la rive gauche, que l'ennemi avait abandonnée.

C'est ainsi que se termina la bataille du 4, qui
acheva la déroute du corps russe de Korsakof.

A la droite, quoique l'attaque faite la veille sur
Kottenbrun eût parfaitement réussi, l'ennemi vou-
lut reprendre ce poste ; il posta, pendant la nuit,
à Benken 1800 hommes et un escadron de Grautz,

hussards, mais le général Soult, instruit de ce
mouvement, fit le matin entourer ces troupes par
trois bataillons, et leur fit mettre bas les armes;
nous prîmes avec eux cinq pièces de canon et un
drapeau.

Vers Vesen, l'ennemi faisait beaucoup de résistance; neuf cents hommes, avec huit pièces de
canon, couvraient cette ville et la défendaient
avec opiniâtreté; le commandant Godinot, chef
de la 25e. légère, qui, depuis la veille, occupait
ces troupes, afin d'assurer nos derrières pendant
les attaques de Schœnis et de Kottenbrun, fut
chargé de prendre Vesen. Cet officier s'en acquitta
avec autant d'intelligence que de bravoure; un
bataillon tourna la ville par les hauteurs d'Annes-
con, un autre l'attaqua de front, et après trois
heures de combat, huit cents hommes, un drapeau, huit pièces de canon et vingt caissons furent
en notre pouvoir.

Pendant le jour, quelques hommes à cheval
ayant pu passer au pont de Gzynau et sur le pont
volant vis-à-vis Schœnis, on s'en servit pour faire
poursuivre l'ennemi. Le citoyen Lochet poussa
jusqu'à Lietensteg, prit une pièce de canon, et à-
peu-près cent hommes.

Les chaloupes canonnières, qui avaient si bien
manœuvré sur le lac, et protégé, par un feu terrible, la troupe de débarquement, furent jusqu'à
Rapperschwill, et y prirent toute la flotte de
Williams, tandis qu'un fort détachement parti
de Chutznach y arrivait par la grande route, et
s'emparait de plusieurs pièces de canon, de beaucoup d'affûts et de quelques magasins de vivres.

Le résultat, dans cette partie de ces deux jours

de victoire, où tous les officiers généraux et particuliers se sont conduits d'une manière digne des plus grands éloges, nous a donné trois mille cinq cents prisonniers, trois drapeaux, dont un russe, un autrichien et un suisse: vingt pièces de canon et trente trois caissons, et fait éprouver à l'ennemi une perte de trois mille hommes tués ou blessés.

A peine la prise de Zurich me mettait à même de réunir les forces qui avaient opéré sur la Limath et sur la Linth, et de poursuivre à outrance les débris des armées battues, que le général Lecourbe m'annonce l'arrivée de Suwarow à Altorf. Toute l'armée russe d'Italie s'était portée par Bellinzona sur le Mont-Gothard ; elle avait successivement attaqué les généraux Gudin et Loison, et avait acheté, par des sacrifices énormes, son entrée dans la vallée de la Reuss. La seule 67e. lui avait fait perdre plus de 1500 hommes au passage de Urseren, et n'aurait jamais fait sa retraite, si elle ne se fût apperçue, après le combat le plus avantageux pour elle, que Suwarow ayant une armée toute entière à sa disposition, était prêt à l'envelopper.

A Altorf, le général Lecourbe, avec une poignée d'hommes, tenait la rive gauche de la Reuss, le pont de Séedorf, et le défendait ainsi contre toute l'armée russe.

Suwarow menaçait tout-à-la-fois Lucerne Schwitz et Glarus, dans le tems que les corps autrichiens de Jellakich et de Lingen, réunis à une partie des débris du corps autrichien de Hotze, remarchaient sur nous par Kerensée et la vallée d'Engi ; la seule brigade du général Molitor occupait

Glarus

Glarus, le Linthal et les débouchés du Muthenthal.

Je me décidai sur-le-champ à marcher en force
sur ma droite à la rencontre de la nouvelle armée
austro-russe qui m'y attaquait.

Je laissai au général Mesnard le commandement
des 5ᵉ. et 6ᵉ. divisions et de toute la cavalerie, avec
ordre de continuer jusques au Rhin la poursuite de
l'ennemi.

Je portai sur Schwitz la 4ᵉ. division, commandée par le général Mortier, et sur Schœnis et Wé-
sen, la majeure partie de la 3ᵉ. division, dont je
donnai le commandement au général Gazan.

J'ordonnai au général Soult de me suivre à Lucerne et à Altorf, pour y remplacer dans le commandement de la 2ᵉ. division le général Lecourbe,
à qui vous veniez de donner une nouvelle destination.

Je portai ma réserve de grenadiers à Richters-
will, et je me rendis moi-même à Altorf. Suwarow,
après avoir attaqué infructueusement le général Lecourbe au pont de Séedorf, après avoir sondé sur
tous les points le torrent de la Reuss, avait reconnu
l'impossibilité de la passer, et s'était dirigé, toujours en masse, à travers des montagnes affreuses,
par des chemins qu'il se frayait lui-même, du
Schachenthal dans le Muthenthal. Je ne pus voir,
dans la reconnaissance que je fis avec le général Lecourbe dans le Schachenthal, que les traces de l'ennemi, et quelques traînards tombant d'inanition,
qui furent ramassés par nos patrouilles.

Je me portai alors à Schwitz pour joindre Suwarow dans le Muthenthal ; je poussai de suite sur
lui une forte reconnaissance, qui ayant successi-

B

vement replié ou enlevé les postes russes qui se trouvaient en avant de Matten, arriva près de cette position, où elle trouva le corps entier du général Rosemberg, qui formait la moitié de l'armée ennemie; mais la mêlée étant devenue générale, et la nuit seule ayant séparé les combattans, il avait été impossible d'évaluer les forces de ce corps, qui fit des pertes énormes, et auquel nous prîmes deux pièces de canon et des prisonniers.

Je me déterminai le lendemain à l'attaquer avec la division Mortier et une demi-brigade que j'avais tirée de la division Lecourbe. L'objet de cette attaque était moins d'obtenir dans cette journée des succès décisifs, que de retarder la marche de Suwarow, et donner aux forces que je faisais marcher de tous côtés contre lui, le tems d'arriver à leurs destinations respectives. Je portai sur les hauteurs, de droite et de gauche de cette vallée étroite, des corps qui devaient seconder mon mouvement, et sur-tout observer ceux de l'ennemi et la quantité de forces que nous avions en tête. Ses positions furent bientôt, malgré la plus vive résistance, successivement enlevées, et les Russes obligés de se replier sur Matten, où était le gros de leurs forces: parvenus à portée de lui, notre feu lui faisait tant de mal, notre artillerie faisait un tel ravage dans cette masse, que ne pouvant plus le supporter, l'ennemi forma de toutes ses troupes plusieurs fortes colonnes d'attaque et les lança sur nous avec la fureur du désespoir. Le nombre était au-delà de toute proportion avec la division chargée de lui résister. La brave 108e. de ligne a soutenu pendant long-tems, avec un courage et une opiniâtreté sans exemple le choc de plusieurs de ces colonnes d'ataque. Elle était en bataille, et l'ennemi en colonne serrée, sans pouvoir l'entamer; elle a été attaquée à la bayonnette, mais elle n'a fait que redoubler d'énergie. J'ai vu un sous-lieutenant des grenadiers arracher du milieu des colonnes d'attaque russes le drapeau qui les guidait au combat : je l'ai nommé lieutenant sur le champ de bataille. Mais les ennemis se renforçant toujours davantage, ils allaient rester maîtres de la position, lorsque la tête de la 67ᵉ, qui eût dû être rendue quatre heures plus tôt, et qui avait été jusqu'alors retardée par un mal-entendu, arrivant à peine sur le champ de bataille, rétablit le combat. L'ennemi est alors attaqué de tous côtés avec une vigueur nouvelle, et repoussé avec une perte considérable; nous reprenons la position, nos canons, nos munitions, nos blessés, qui avaient été un instant en son pouvoir; nous lui faisons un grand nombre de prisonniers, et le forçons à rester entassé dans la gorge en arrière de Mutten.

Que de traits de dévouement n'aurai-je pas à citer de la part des braves qui ont si long-temps arrêté un ennemi si supérieur en nombre! Les généraux Mortier, Brunet, Drouet, s'y sont particulièrement distingués, ainsi que les chefs de la 108ᵉ.

La perte de l'ennemi a été très-considérable. Le général des Cosaques, homme universellement estimé chez les Russes, y a perdu la vie. Suwarow, si vigoureusement poussé dans le Muttenthal, au lieu de pénétrer en Suisse par le débouché d'Ensilden, que je lui avais laissé ouvert pour l'attirer en rase campagne et l'y combattre, cherchait à pénétrer dans la vallée de Glarus, où il espérait faire sa jonction avec les armées de

Hotze et de Korsakof, dont il ne connaissait pas encore la défaite. Déjà son avant-garde avait pénétré dans le Linthal ; elle avait sommé le général Molitor, qu'elle attaquait de front, tandis que les corps de Jellakish et de Lingen l'attaquaient par sa gauche et ses derrières, de se rendre, *attendu*, lui disait l'officier parlementaire, *que vous êtes environné de tous côtés.* — *Ce ne sera pas moi qui me rendrai,* lui répondit fièrement le général Molitor, *ce sera vous,* et il lui a prouvé, par l'énergie de sa défense, qu'il savait tenir parole. Après la résistance la plus brillante et la plus meurtrière pour l'ennemi, après avoir repoussé les corps autrichiens de Lingen et de Jellakisch, le général Molitor se replia, sans pouvoir être entamé, sur les points de Mollis et de Noefels, où, soutenu très-à-propos par la tête de la division Gazan, qui arrivait à peine, il s'était maintenu et avait conservé le pont de Noefels, six fois pris par les Russes et autant de fois repris par nos troupes ; ce qui nous laissait maîtres des deux rives de la Linth.

D'un autre côté, le général Korsakof, instruit de la position critique de Suwarow, réunissait les débris de son corps au contingent bavarois et au corps de Condé, et menaçait le corps d'observation que j'avais laissé sur la Thur ; je résolus alors de marcher à lui pour l'achever, mais je voulus auparavant en finir avec Suwarow, que je n'avais pu attirer dans les plaines d'Ensilden, et pour de là l'attaquer en force à Glarus avec la brigade Molitor et la division Gazan, mises aux ordres du général Soult, que j'avais arrêté près de moi.

J'ordonnai au général Loison de marcher sur le Linthal, et au général Mortier de suivre le mouvement de l'ennemi dans le Muthental, avec les deux demi-brigades que je lui avais laissées. Le général Suwarow, instruit de mon projet et des mouvemens des généraux Loison et Mortier, épuisé par les combats sanglans qu'il avait eu à soutenir sans relâche depuis Bellinzona jusqu'à Glarus, et l'impossibilité où était le pays de lui fournir ni subsistances ni secours d'aucune espèce, ayant déjà été obligé d'abandonner la plus grande partie de ses bagages, de ses mulets, de ses munitions, de jetter dans les lacs une partie de son artillerie, et voulant profiter, puisqu'il en était encore tems, du seul débouché qui lui restât, évacua Mutten et Glarus, et employa toute la nuit du 13 au 14 à filer, par Schwanden, sur la vallée d'Engi et les Grisons, faisant marcher à force de coups, devant lui, ceux de ses blessés à qui il restait la moindre vigueur, et nous en laissant à Mutten, Glarus et dans tous les villages des environs, plus de deux mille hors d'état de bouger.

Au point du jour, nos colonnes d'attaque dirigées sur Glarus, n'y trouvèrent plus que les blessés et quelques traînards qui avaient été dans l'impossibilité de suivre le corps d'armée. Je fis de suite serrer vivement son arrière-garde composée de ses grenadiers; les généraux Molitor et Gazan la joignirent au-dessus de Schwanden; elle essaya plusieurs fois de faire résistance, mais elle fut complétement défaite, et Suwarow poursuivi avec la plus grande vigueur jusqu'à Elm, où la nuit nous prit.

L'ennemi poursuivi encore le lendemain, essuya de nouvelles pertes.

Il était déjà tems d'aller au-devant de Korsakof qui faisait mine de vouloir marcher sur la Thur.

J'ordonnai au général Loison à qui je donnai provisoirement le commandement de la deuxième division, de reprendre le Gothard, et de porter un corps dans la vallée de Dissentis;

Au général Mortier , de continuer la poursuite de Suwarow, et d'occuper Melz et Sargans;

Au général Soult , à qui j'avais donné provisoirement le commandement des divisions Mortier et Gazan, de marcher avec six demi-brigades, sur deux colonnes, l'une dirigée sur Reimek, sous les ordres du général Brunet , et l'autre, sur Constance, aux ordres du général Gazan; celui-ci devait être soutenu par le général Klein, avec deux régimens de cavalerie.

Je dirigeai sur Stein et Dissenhofen la division Lorge, sur Paradis et la tête de pont de Bussingen le général Mesnard, et sur Wintherthur et Andelfingen la réserve des grenadiers; je me rendis moi-même avec mon chef d'état-major à Frauenfeld, et de-là à Andelfingen.

Le 15, dès la pointe du jour, les divisions firent leur dernière marche, pour se porter sur le point d'attaque. Celles de Gazan et de Lorge avaient, pour arriver à leur destination , beaucoup plus de chemin à faire que celle de Mesnard, et quoique , à cause de cette différence, la division Mesnard fût partie plus tard, elle n'eut pas plutôt commencé son mouvement sur Paradis, qu'elle trouva Korsakof marchant à sa rencontre, avec un corps de douze mille Russes ou Bavarois. L'engagement fut très-

vif ; mais la supériorité du nombre des ennemis ar-
rêtait déjà notre mouvement, lorsque, la réserve de
grenadiers arrivant, le combat changea bientôt de
face : l'ennemi fut attaqué avec la plus grande vigueur ; le champ de bataille fut bientôt jonché de
morts, et les Bavaro-Russes ne trouvèrent leur salut que dans une fuite précipitée, et en se jettant en
désordre dans la tête de pont de Bussingen.

Dans le même tems, le général Lorge, après
avoir fait replier devant lui les postes avancés de
Dissenhofen, arrivait, avec la tête de sa division,
dans la plaine et s'y déployait ; déjà deux bataillons
de la 5.e, et deux de la 100.e demi-brigade for-
maient la droite ; une prairie marécageuse rem-
plissait l'espace qu'aurait occupé son centre, et il
avait sur sa gauche le 3.e bataillon de la 5.e, et la
tête de la 3.e. L'artillerie légère couvrait tout le
front de la ligne, lorsque l'ennemi, après avoir, à
la faveur d'un rideau très-étendu, fait ses dispositions, dirigea sur notre droite une charge vigou-
reuse de cavalerie et d'infanterie russes. Il est impossible de rendre l'opiniâtreté avec laquelle cette
attaque fut faite par l'ennemi et soutenue par nos
troupes. Notre infanterie et notre artillerie légère
se sont immortalisées dans cette journée, et je ré-
péterai, sur leur compte, ce que je vous ai dit
dans ma lettre du   . L'artillerie légère, chargée
et sabrée au milieu de la mêlée, ne cessait de ma-
nœuvrer et de tirer à mitraille, partie de notre infanterie, après avoir accueilli la cavalerie ennemie par le feu le plus vif et le plus soutenu, la re-
cevait jusques sur ses baïonnettes sans s'ébranler,
tandis qu'une autre partie de cette infanterie la

chargeait sur son flanc avec une audace sans exemple.

L'ennemi, par-tout culbuté, a perdu, sans exagération, dans cette charge, plus de six cents hommes, et a été obligé de repasser le Rhin, et de pourvoir à sa sûreté en coupant le pont de Diessenhofen, où nos troupes sont entrées à 10 heures du soir.

Le général Gazan attaquait, de son côté, le corps de Russes et d'émigrés qui était en avant de Constance, et qui était commandé par Condé en personne. Il les poussa avec tant de vigueur, que ses troupes entrèrent pêle-mêle dans la ville avec les vaincus, sans qu'il ait été possible à ceux-ci de lever le pont-levis. Il était dix heures du soir lorsque cette mêlée eut lieu ; on se battit dans les rues ; nous arrivâmes au pont du Rhin avant une partie des ennemis, et tout ce qui se trouva alors dans la ville, au nombre de cinq cents hommes, fut fait prisonnier ; le prince de Condé et le duc d'Enghien étaient dans la mêlée, et ils ne nous ont échappé qu'à la faveur de l'obscurité; le général français émigré Vauborel, y a été tué.

Je faisais mes dispositions pour forcer l'ennemi à l'évacuation de la tête de pont de Bussingen, ou l'attaquer avec avantage; c'était un ouvrage à couronne, palissadé et entouré d'un fossé plein d'eau, avec un réduit très-fort: l'ennemi a prévenu mes desseins, l'a évacué et s'est retiré sur l'autre rive.

L'attaque du Gothard n'était pas moins heureuse; le général Gudin y avait attaqué et battu les Russes qui le défendaient. Il a tué à l'ennemi beaucoup de monde, et fait, dans les divers combats qu'il y a livrés , environ deux cent cinquante prisonniers , parmi lesquels un général major, deux capitaines et deux lieutenans.

Ainsi s'est terminée , par l'affranchissement de l'Helvétie, par la destruction d'une partie de nos ennemis et par la dispersion des autres, cette quinzaine mémorable qu'ils destinaient à notre anéantissement , et dont les résultats doivent influer , d'une manière sensible, sur les nouvelles destinées de la République française.

Je dois les plus grands éloges au général Oudinot, mon chef d'état-major, dont la bouillante ardeur sait se plier aux travaux du cabinet , mais que je retrouve toujours au champ de bataille avec avantage ; il m'a suivi dans tous mes mouvemens , et m'a parfaitement secondé.

Je dois aussi des éloges au général Soult, qui a exécuté avec habileté toute la partie du plan qui lui était confié. Ce général a déployé les plus grandes connaissances militaires ; et l'on ne doit pas oublier que son passage de la Linth a infiniment contribué à mes succès sur toute la ligne.

Le général Lorge s'est conduit avec autant de bravoure que de prudence. Je dois citer avec distinction les généraux Mortier et Gazan , et le général Loison , à qui j'ai laissé le commandement de la division du général Lecourbe. Les généraux Bontems, Molitor et Brunet se sont parfaitement bien conduits.

Le chef de brigade Lapisse n'a pas démenti la haute opinion qu'avait fait concevoir de lui sa conduite dans les affaires des 27 et 28 thermidor, lors de la reprise du Gothard.

Le brave chef de brigade Lacroix, vieillard d-

68 ans, ne cesse d'être le guide de nos jeunes guerriers.

Le chef de la 94e, ceux de la 108e, le chef de bataillon Graindorge, ont fait, dans ces différentes actions, des traits de bravoure.

Tous généraux, officiers, soldats, ont parfaitement rempli leur devoir; je regrette de ne pouvoir les nommer individuellement.

Fait au quartier-général à Zurich, le 24 vendémiaire, an 8 de la République française.

Salut et respect.

Signé MASSENA.

De l'Imprimerie de J. GRATIOT et Compagnie, cul-de-sac Pecquay, rue des Blancs-Manteaux.